AF308816

PLANCHES,

DISCOURS

ET CANTIQUES,

A l'Occasion de la Célébration de la
Fête de la PAIX, qui a eu lieu
au G∴ O∴ de France, le 10e.
jour du 2e. mois de l'an de la
V∴ L∴ 5801, Ère vulgaire,
le 20 Germinal, an 9.

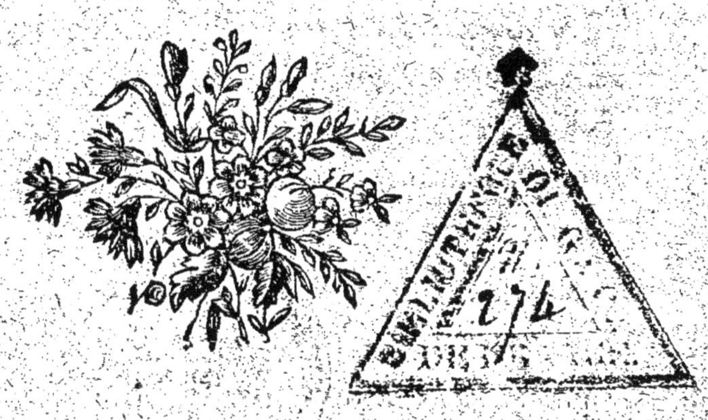

PARIS,

De l'Imprimerie du F∴ DESVEUX,
Rue Avoye, No. 160.

____

AN IX de la République.

A LA G∴ D∴ G∴ A∴ DE L'UNIVERS.

LE 10.e jour du 2.e mois de l'an de la
V∴ L∴ 5801, et de l'ère vulgaire, le 20
germinal, an 9;

Le G∴ O∴ assemblé extraordinairement,
régulièrement convoqué, et fraternellement
réuni sous le point géométrique connu des
des seuls vrais Frères, dans un lieu très-
éclairé, très-régulier, très fort, où règnent
le silence, la paix et l'équité, midi plein.

Le Local était décoré de festons et guir-
landes de fleurs.

A 2

Un quadruple rang de gradins avait été préparé pour recevoir les Frères, il n'en fallut pas moins pour placer cinq cents Frères, qui tous se félicitaient du sentiment qui les avaient réunis. Les colonnes étaient éclairées par un grand nombre de faisceaux de lumières.

La tribune destinée aux Frères artistes, était décorée d'ornemens, dont la simplicité élégante formait un tableau aussi attendrissant, qu'était majestueux celui que présentait l'O∴, éclairé de mille feux. Son enceinte était garnie de tous les officiers en exercice, revêtus de leurs ornemens ; au milieu d'eux s'élevait un autel sur lequel brûlait l'encens le plus pur , et devant l'autel, le G∴ V∴ , placé sur une estrade, ayant à ses côtés les officiers honoraires , dont l'âge respectable et les services indiquaient les droits qu'ils ont acquis à l'estime et à l'affection de leurs Frères.

Les officiers généraux , placés à leur rang respectif , et revêtus des signes caractéristiques de leurs fonctions.

Les travaux ont été ouverts à l'O∴ , par le T∴ R∴ F∴ Roëttiers de Montaleau, Grand - Vénérable , et à l'Oc∴ , par le R∴ F∴ Angebault, Président de la Chambre Symbolique, dirigeant la colonne du Midi ; et le R∴ F∴ Milly, Président de la Chambre des Grades, dirigeant la colonne du Nord ; le R∴ F∴ Doisy, Grand Orateur ; le R∴ F∴ Oudet, Secrétaire-Général, et le R∴ F∴ Savard, Adjoint, placés à leurs bureaux.

Ensuite, ont été introduites les Loges de l'O∴ de Paris et un nombre considérable de Frères Visiteurs.

Chacune de ces Loges a été introduite et reçue avec tous les honneurs qui leur sont dus, au son de la plus douce harmonie ; leur entrée a été consacrée par un triple vivat.

Le G∴ V∴ ayant demandé le plus grand silence, lecture a été faite de la rédaction de la planche des derniers travaux du G∴ O∴ et des arrêtés des Chambres, relatifs à la célébration de la fête de ce jour ; ne s'étant trouvé aucunes observations, il y a été applaudi. L'harmonie s'est sur-le-champ faite entendre.

Il a été distribué à chacun des Frères un programme du concert dirigé par les soins des RR∴ FF∴ Achet, de Balincourt et Francœur, Commissaires nommés par la Chambre d'Administration,

Le G∴, V∴. a annoncé divers discours relatifs à la fête du jour, Le plus grand silence a régné , tant à l'O∴. , que sur les colonnes.

Le R∴. F∴. Doisy, Grand-Orateur ; le R∴. F∴. Angebault, premier Grand-Surveillant , et le R∴. F∴. Milly, deuxième Grand-Surveillant , ont tracé successivement des morceaux d'architecture , pleins d'énergie et de sensibilité. Chacun a peint les avantages précieux de la paix , et les qualités inappréciables du jeune héros auquel nous en sommes redevables. L'éloge que nous ferions de ces esquisses , blesserait la modestie de leurs auteurs. En conséquence, il a été arrêté qu'elles seraient transcrites en entier à la suite de la planche du jour.

La lecture de ces intéressantes productions a été vivement applaudie , les Frères artistes se sont empressés d'y mêler leurs applaudissemens et de faire retentir l'Attelier des sons harmonieux de leurs instrumens.

Le R∴. F∴. Dubin , Grand-Garde des Archives , en a requis le dépôt.

Lecture a été faite de l'avis des Chambres, relativement au changement demandé par la Chambre Symbolique, pour les jours de tenue de ses travaux. Cette Chambre désire qu'ils soient fixés aux 17 et 27 de chaque mois, au lieu des 15 et 25, ci-devant arrêtés. Changement adopté par les Atteliers d'Administration et des Grades.

Les observations des RR∴ FF∴ entendues, conclusions du R∴ F∴ G∴ Orateur données, le G∴ O∴, à l'unanimité des voix, a rapporté son précédent arrêté, et fixé pour l'avenir les tenues de la Chambre Symbolique aux 17 et 27 de chaque mois, à compter de Messidor prochain, aux heures ordinaires indiquées par les règlemens.

La boîte des pauvres a circulé à l'O∴ et sur les colonnes, elle s'est trouvée contenir la somme de   , laquelle, conformément à la décision du G∴ O∴, du 24.e jour du premier mois de l'an de la V∴ L∴ 5801, sera employée avec les offrandes reçues de différentes Loges, tant de Paris, que des Départemens et celles qui pourront survenir,   avoir soin d'orphelins fils de Maçons, jusqu'au moment où ils pourront eux-mêmes pourvoir à leur existence.

Les travaux ont été suspendus pour passer à ceux du banquet. Attendu l'affluence des Frères, le G∴ O∴ a été obligé de se diviser

A 4

en deux salles préparées à cet effet ; dans chacune d'elles, il avait été placé un orchestre pour les TT∴, CC∴. FF∴. artistes.

Une des salles a été présidée par le G∴ V∴, Président de la Chambre d'Administration ; et l'autre, par le R∴. F∴. Angebault, Président de celle Symbolique.

Dans chacun de ses Atteliers les travaux ont été remis en vigueur.

La première santé qui a été tirée a été celle du Gouvernement Français, à laquelle on a joint celle des Consuls de la République, et en particulier, celle du Héros, à la bravoure et au génie duquel la France est redevable de la paix ; elle a été commandée par le G∴. V∴., célébrée avec le feu le plus patriotique, et accompagnée d'une harmonie qui a caractérisé les élans du sentiment qui anime les Français.

Les autres santés d'usage ont été célébrées avec cette effusion de cœur qui ne se commande pas, mais que redoublait encore la solemnité du jour, et la joie qu'inspirait à tous les Frères une réunion qui fera époque dans les fastes de la Maçonnerie, autant par la dignité de son objet, que par le concours qui l'a embellie. La santé du G∴. V∴. a été spécialement célébrée par un cantique du R∴ F∴ De Fondeviolle, auquel il a été unaniment applaudi.

Le G∴ V∴ a nommé une députation de neuf Frères, pour aller, au nom de la première Section du G∴ O∴, témoigner aux RR∴ FF∴ de la Section présidée par le R∴ F∴ Angebault, les sentimens de la plus tendre amitié, et les regrets que le G∴ O∴ éprouvait de n'avoir pu réunir tous les Frères dans une seule salle ; il a chargé le R∴ F∴ G∴ O∴ d'être son organe, et de tirer en faveur de ce R∴ Attelier, une santé dictée par le cœur.

- Cette députation, après avoir rempli cette mission intéressante, est revenue rendre compte de l'accueil fraternel qu'elle avait reçu.

Le R∴ F∴ premier Expert, ayant annoncé qu'il y avait dans le Porche du Temple une députation du G∴ O∴, composée de neuf Frères, elle a été introduite avec tous les honneurs qui lui sont dus, au son de la plus douce harmonie ; elle a, au nom de l'Attelier du G∴ O∴, présidé par le R∴ F∴ Angebault, exprimé par l'organe du R∴ F∴ Pajot, Orateur de la Chambre Symbolique, sa vive sensibilité des témoignages d'affection et d'amitié qu'elle venait de recevoir du R∴, Attelier du G∴, O∴; elle a manifesté ses remercîmens fraternels en tirant une santé solemnelle.

Cette députation a été reconduite au son de l'harmonie la plus mélodieuse.

Les Frères *Rizaucourt*, *La Foret*, *Bertin*, *Chotin*, *Gaillard de la Ferrière et Henry*, ce dernier membre du Conservatoire, et plusieurs autres Frères, ont chanté différens cantiques analogues à la fête du jour, qui tous ont été unanimement applaudis. Le dépôt en a été demandé et, sur-le-champ, plusieurs des Frères ont remis les leurs au R∴, F∴, Grand-Garde des Archives.

La santé des TT∴, CC∴, FF∴, Visiteurs et artistes, qui ont concouru a augmenter les agrémens de la fête, a été commandée par le G∴, V∴, et tirée avec le feu le plus fraternel.

Le G∴, V∴, leur a exprimé, ainsi qu'aux Frères Commissaires-Ordonnateurs de la fête, la sensibilité et la reconnaissance du G∴, O∴, des soins qu'ils avoient bien voulu se donner pour que rien ne manquât à la célébration de ce jour à jamais mémorable.

A la dernière santé, celle de tous les Maçons répandus sur la surface de la terre, le G∴ V∴ a joint les vœux des Maçons pour la paix générale ; elle a été tirée avec un feu vraiment maçonique. Toutes les santés ont été précédées et suivies de l'harmonie et des applaudissemens d'usage.

Lecture faite de la présente esquisse, ne s'étant trouvé aucunes observations, il y a été applaudi.

Le R∴ F∴ G∴ Secrétaire-Généraal s'est transporté dans le second Attelier du G∴ O∴, présidé par le R∴ F∴ Angebault, et il y a fait lecture de l'esquisse.

Le R∴ Président ayant applaudi avec tous les Frères réunis sous son maillet, à l'unité des sentimens qui ont dirigé les travaux dans les deux sections, l'esquisse et son vœu rapporté au G∴ V∴, la planche a été ratifiée par un applaudissement général.

Les Frères s'étant mutuellement donné le baisé de paix, les travaux du G∴ O∴ ont été fermés en la manière accoutumée, au sein de l'union, de la concorde et de la fraternité, et les Frères se sont retirés con-tens et satisfaits.

(14)

[illegible] [illegible]
[illegible] [illegible]
[illegible]

[illegible] la R.P. Feijoo [illegible]
[illegible] castellano son mejor [illegible]
[illegible]
[illegible] de la concorde et de l[illegible]
[illegible] la Franci[illegible] con-
[illegible]

DISCOURS

Du R.·.F.·. DOISY, Grand-Orateur

Vous connaissez tous , vous avez fixé et déterminé vous même l'objet de la fête solemnelle et touchante qui nous rassemble ; et je m'applaudirais d'être aujourd'hui le premier interprète de vos sentimens , si je pouvais vous offrir dans mon zèle un organe plus digne du sujet.

Oui, mes Frères , nous célébrons ici , avec l'effusion de la joie fraternelle , un des événemens les plus précieux pour le bonheur de l'humanité. Enfin, après dix ans de larmes , que les victoires les plus brillantes ne peuvent essuyer entièrement ; après dix ans de soupirs , que les triomphes les plus glorieux ne peuvent encore étouffer , nous voyons le retour tant désiré de la paix continentale.

O douce Paix ! Déesse aimable , fille du Ciel , mère de l'abondance , consolatrice des mortels ! Je te salue trois fois , trois fois je te salue au nom d'une société vraiment pacifique, sensible plus qu'aucun autre à tes bienfaits ; qui sait les apprécier, et dont les travaux innocens et paisibles ne tendent qu'à les propager dans tout l'Univers. Divinité chérie ! Puisses - tu rester constamment parmi nous ! Puisses-tu ne jamais abandonner les hommes dignes de toi, les hommes qui ne respirent que l'union et la concorde !

Nous ne serons donc plus les témoins, ni les acteurs des désastres de la guerre. Nos regards ne seront donc plus consternés par le spectacle des campagnes et des moissons ravagées, des villes en proie au fer et à la flamme, des arts ensevelis sous les ruines des monumens et des flots de sang. Des scènes plus douces et plus riantes vont succéder à ces images lugubres : l'agriculture florissante reprend ses droits, Cérès se couronne de blonds épis, le commerce reproduit avec activité les richesses de l'industrie ; les Muses elles-mêmes, naguères errantes et fugitives, regagnent pas-à-pas leur ancien sanctuaire, pour nous faire entendre leurs leçons harmonieuses. Ainsi, après les rigueurs d'un long hiver, qui a tenu la terre en deuil, sous l'épaisse enve-

loppe des noirs frimats, la nature au prin-
tems se réveille, dépouille ses voiles funèbres, rappelle les fleurs et les fruits, et
redonne à tous les végétaux leur brillante
parure.

Mais cette heureuse paix que nous célébrons avec enthousiasme, dont nous com-
mençons à jouir avec délices, pourquoi
n'est-elle pas universelle ? Albion, tu le
sais ; en vain le génie de la France ta pré-
senté plus d'une fois l'olive d'une main généreuse ; plus d'une fois il t'a porté des pa-
roles de Paix, toujours tu les a repoussées.
Envain le Léopard Britannique veut forcer
les nations à remettre dans tes mains le
trident de Neptune qui est le sceptre du
monde ; il est le domaine naturel de tous
les Peuples, et ce n'est pas au dix-neuvième
siècle qu'un Gouvernement profond en sagesse et en philosophie peut maintenir un
semblable systême.

Bientôt, osons le prédire, la raison ra-
menera l'Angleterre à des principes plus
grands, plus nobles. Que cette idée conso-
lante soutienne notre courage, et cette paix
que nos frères d'armes ont préparée, sera,
n'en doutons pas, le dernier résultat de la
sagesse des conseils.

L'un des plus antiques berceaux de la Maçonnerie ne résistera pas seul à l'attrait du bonheur. Croyons qu'enfin une vaine gloire n'étouffera pas chez les Anglais le sentiment inné de la félicité publique.

C'est alors que nous rendrons au Pacificateur du monde d'immortelles actions de graces ; c'est alors que nous l'appellerons, à juste titre, le sauveur de la patrie, le bienfaiteur de l'humanité , surnoms aimables et précieux , plus doux à son cœur, que les qualifications pompeuses de héros, de vainqueur , de conquérant.

Jusques-là , mes Frères , empressons-nous de seconder ses vues bienfaisantes , et que le jour où nous célébrons le retour de la paix soit marqué par un acte public qui honore la Maçonnerie. Ce mouvement généreux nous sera d'autant plus facile , que la bienfaisance est la vertu des Maçons, l'amie de nos travaux , le feu sacré qui brûle perpétuellement dans ce Temple , le lien et l'attrait de nos réunions fraternelles.

Par une suite naturelle de cette propension à faire le bien par un mouvement spontané de leurs ames, les VV∴ des LL∴ de Paris ont conçu l'heureuse idée , que le G∴ O∴ a accueillie avec transport, d'adopter

en

en ce jour quelques-uns de ces jeunes infor-
tunés ; qu'a privés de leur appui et de leurs
ressources la mort prématurée de leurs
parens, ou le désespoir de la misère abso-
lue. Exécutons ce projet touchant ; que les
bornes de nos facultés soient les seules que
connaîtra notre bienfaisance ; donnons des
pères à des enfans délaissés qui réclament *ce
don précieux qu'on ne tient qu'une fois de là
bonté des Dieux*, suivant l'expression d'un
poëte sensible de nos jours. Mais ne faisons
pas le bien à demi; suivons d'un œil vigilant
l'éducation de ces enfans adoptifs, ren-
dons-les propres à servir la patrie.

.Qu'ils deviennent un jour un monument
de gloire pour le G.·. O.·. de France et la
Maçonnerie en général. Les profanes alors
prendront une juste idée de la sublimité de
notre architecture. Quelle réponse plus vic-
torieuse à ces bruits calomnieux trop long-
tems répandus, que c'est parmi les Maçons
que se sont formées ces sociétés orageuses
qui ont plongé la France dans le deuil, et
l'ont couverte d'un bout à l'autre d'un crêpe
funéraire !

Que l'Univers sache et que nos actions
proclament que les questions religieuses et
politiques sont bannies de nos assemblées;

que nos règlemens interdisent les contro-
verses théologiques , comme les discussions
diplomatiques ; qu'il n'est dans nos temples,
qu'un langage , celui de la bienfaisance ;
qu'ils sachent enfin , que , laissant aux chefs
des nations , à leurs magistrats suprêmes ,
le soin pénible de gouverner les états , nous
ne nous occupons que de la pratique , plu-
tôt que de la théorie de la morale.

DISCOURS

Du R∴ F∴ ANGEBAULT, Président de la Chambre Symbolique..

Que la Paix règne à jamais dans tous les siècles ! Tel est le vœu du Maçon tous les matins à son réveil ; tel est celui qui berce encore son espoir dans les bras du sommeil. O bienfaisante Paix ! Toi, par qui nos ames goûtent avec délices ce repos aimable du sage ; ce repos qui n'est point la torpeur de l'inaction, ni l'apathie de l'indifférence ; ce repos qui naît de l'ardeur à se rendre utile, du plaisir d'avoir secouru son Frère, de cette satisfaction intérieure que l'on goûte à se rendre justice à soi-même, au milieu des détracteurs de l'innocence, des talens, des vertus.

O bienfaisante Paix ! tu parais et nos sens n'aguères en proie à une fureur qui n'était point la nôtre, cessent d'être enflammés par ces passions turbulentes qui n'enfantent que des crimes, par-tout où elles obéissent

B 2

à une autre voix qu'à celle de la Patrie.
Tu parais et les camps sont dispersés ; les
feux tonnans de ces longs tubes d'airain
ne répandent plus l'épouvante et la mort.
Le son de la trompette, la présence des
armes n'effraient plus que le perturbateur
de la société. Du guerrier le plus farouche,
tu fais l'homme le plus aimable et le plus
doux ; tu rends à nos champs les bras qui
les fertilisent, à nos arts ceux qui em-
bellissent la nature et décuplent notre puis-
sance.

O bienfaisante Paix ! reçois nos adora-
tions, entens nos chants d'allégresse. En
comblant les vœux des Maçons, puisses-tu,
chère à tous les humains, les enchaîner
au pied de tes autels ! Et là qu'ils abju-
rent tous et pour jamais, cette frénésie
désolante et destructive, par laquelle,
lorsque nos cœurs sont purs, nos mains
sont souillées du sang de nos semblables !

Où courez-vous, cruels ? Quel démon parricide
. . . . Arme vos sacrilèges bras !

Ainsi s'écriait le Pindare français. Quel
est donc en effet ce moteur impitoyable,
qui, nous soulevant ainsi les uns contre les
autres, appelle à grands cris le meurtre,

le pillage, l'incendie, toutes les horreurs de la guerre ? Depuis les plaines brûlantes du midi, jusqu'aux régions glacées du nord, depuis ces monts fameux que le G∴ A∴ de l'Univers posa pour barrières aux tempêtes de l'océan, jusqu'aux rives moins agitées des Kamtzcatka, tout fermente, tout s'irrite, des flots de sang humain se répandent sous le fer assassin.

Envain le G∴ A∴ avait caché ce fer dans les entrailles de la terre, et sous une forme brute et inerte ; rien n'échappe à la pénétration de l'homme. L'ingénieux observateur connut bientôt que ces grains sabloneux pouvaient devenir fusibles et se convertir en lames dures et tranchantes ; sur-le-champ le fer devint dans ses mains, d'abord des instrumens utiles et depuis des armes mortelles.

O mes Frères ! Pourquoi les dons précieux du créateur se changent-ils ainsi en présens si funestes ? Est-ce le juste qui recourt à la force, armé pour le soutien de ces règles d'un droit inné, que nous ne pouvons plus regarder comme un problême ? Non ; le juste se plaint, souffre, se replie sur sa Philantropie et préfère un

généreux sacrifice de son bien-être, au mal-
heur de troubler le repos de ses semblables.

Est-ce la loi impérieuse, le conseil funeste du besoin ? Et pourquoi dans ces lieux
où la fertilité du sol le dispute à la beauté
du climat, où, sans vêtemens, sans autre
abri que les cîmes toujours vertes des plus
rians bocages, l'homme cueille sans tra-
vail des fruits abondans, délicieux, venus
sans culture ; pourquoi la guerre et ses
fléaux y troublent-ils son existence ?

Mais il serait trop-long, mes Frères,
de rechercher qu'elles sont les causes prin-
cipales de nos discordes. Nous, Maçons,
nous en voyons le berceau dans ce sentiment
fatal qui étendit sans vie le premier Frère
aux pieds de son Frère. Quand le venin
d'un faux amour-propre vient à effleurer
notre cœur, le sang qui circule dans nos
veines s'en empreigne, une acrimonie funeste s'empare de tout ce qui met nos sens
et nos passions en mouvement ; furieux,
malgré nous, le sacré, le profane, les liens
les plus chers de la nature, nous ne res-
pectons plus rien.

Gardons-nous d'être jaloux du bonheur
de nos Frères. Ne cherchons point à les
punir de ce que la fortune les traite plus

favorablement que nous. Les noirs habitans de la stérile Afrique, les Arabes qui parcourent les déserts, sans cesse exposés à périr de faim, de soif, à se voir engloutis sous des nuages de sable, songent-ils à venir nous enlever la possession d'un sol aussi fortuné que le nôtre? Les habitans des montagnes arides du midi de la France, las de disputer leur vie, soit aux rochers où se dessèche la semence qu'ils leur confient, soit aux animaux féroces dont elles sont peuplées, viennent-ils, à main armée, s'emparer des bords fertiles de la Seine?

Nous, membres de la grande société de l'Univers, pour qui les climats, ni les distances ne sont point les régulateurs de nos opinions, nous sommes convaincus que d'individu à individu, comme de Peuple à Peuple, les principes qui doivent les diriger, sont les mêmes. Que l'un vive satisfait attaché au sol qui l'a vu naître, et l'autre dans le poste que le G∴ A∴ lui a destiné.

Chaque individu ne peut pas être un héros; et ce n'est, que de loin en loin, que le G∴ A∴ en montre à la terre. De ces héros, il en est peu pour qui les mers obéissantes, tantôt se courbant sous leurs poids, leur ouvrent un sûr passage au travers de leurs ennemis, et tantôt dociles à leur voix ramènent sur le sol de leur Patrie, les restes languissans des victimes de l'anarchie; il en est peu de qui la Paix fasse le but unique de leurs triomphes.

Quant à nous, obscurs individus, consolons-nous; chacun de nous porte avec lui son éclat et sa richesse, et tel qui les trouve dans les arts qu'il exerce, dans les talens qu'il professe, jouit du bonheur le plus solide et le plus pur; il ne le doit qu'à lui, et vit en paix avec lui-même, avec ses Frères.

Mais il est des êtres qui, malheureux dès leur naissance, n'ont point eu le doux avantage de pouvoir sourire aux tendres caresses d'une mère, ni d'un père qu'une mort précoce leur a enlevés. Orphelins, fils de nos Frères, vous ne serez plus à l'abandon, vous ne vivrez plus dans un désœuvrement funeste à vous-mêmes et au repos des humains. C'est sur vous particulièrement que vont se fixer les actes de notre bienfaisance. Nous vous procurerons, avec l'existence, les arts, les talens auxquels nous-mêmes devons notre tranquilité ! Les Maçons n'ont point trouvé d'offrande à la Paix plus digne , d'elle en ce jour, qu'un acte fait pour apprendre aux M.·. qu'ils peuvent espérer de jouir, même après leur vie , dans la personne de leurs Louv.·. , , du fruit de la Concorde qui fait la base de la M.·., Puisse l'Univers nous entendre et nous imiter !

[illegible]
[illegible]
[illegible]
[illegible]

[illegible]
[illegible]

DISCOURS

Du R∴ F∴ MILLY, Président de la Chambre des Grades.

SI dans la vie civile on convient généralement que la guerre est au nombre des plus cruels fléaux, la morale qui constitue essentiellement la Maçonnerie nous fait sentir plus particulièrement tous les maux que cette affligeante calamité entraîne après elle.

Les hommes ne sont point nés pour combattre les uns contre les autres.

Ils ne peuvent s'entr'égorger, sans violer les plus saintes lois de l'humanité, sans insulter au souverain architecte dans son plus bel ouvrage, sans manquer aux lois primitives de la nature, qui, malgré l'inégal partage de ses dons, n'a point commandé à l'homme de détruire l'homme.

Lorsque tous les animaux de la même espèce, quelques féroces qu'ils soient, se prêtent des secours mutuels, et vivent en en paix ; lorsque le tigre même , quoique toujours altéré de sang , ne déchire jamais les entrailles de son semblable , pourquoi faut-il que l'homme , qui n'a rien du tigre ; pourquoi faut-il que le plus sublime des êtres vivans , se trouve par fois forcé de plonger dans le sein de son frère , le poignard dont la politique a armé son bras ? Misérable condition attachée à cette politique ; fatale nécessité ; résultat funeste de la division qui ne règne que trop souvent dans la grande famille du genre humain.

A peine se fût-elle étendue , que les passions s'allumèrent dans tous les cœurs ; que les peuples se trouvèrent classés sous des noms différens. Les uns se renfermèrent dans leurs limites , les autres cherchèrent à s'aggrandir aux dépens de leurs voisins ; de-là , l'ambition désordonnée , les usurpations du fort sur le faible , les pefidies , l'intérêt , le droit des nations , et la nécessité indispensable de former des corps d'armée pour défendre et sauver la patrie.

Ce mot de patrie , produisit toutes les idées de gloire , de grandeur - d'ame et de dévouement. O Patrie ! qu'en effet ton nom est cher et sacré ! Qu'il est sur-tout bien senti par les cœurs vraiment Français! C'est toi qui fais commettre les actions les plus héroïques, les plus vertueuses. C'est toi qui, en peu de tems, sais former les plus intrédes guerriers; c'est toi qui nous a donné ceux qui ont tout osé, tout entrepris, pour obtenir, au prix de leur sang, la victoire et la paix.

Comment la célébrer, sans leur rendre **un** juste hommage, sans leur témoigner les sentimens de gratitude dont nous sommes pénétrés!

Vous vous rappelez, mes Fréres, ces jours de solemnités établis dans la Grèce, en l'honneur des vainqueurs, ces jours mémorables, où les récompenses les plus précieuses, étaient décernées à leur valeur; où la poésie imprimait à leurs actions, le sceau de l'immortalité; où l'harmonie chantait leurs brillants exploits. La plus riche partie de la dépouille des vaincus leur était reservée; s'ils succombaient par le fer ennemi, on exposait avec la pompe la plus religieuse, leurs restes à la vénération publique, et l'on prononçait des éloges funèbres, dans lesquels ils étaient qualifiés du titre d'hommes divins.

Mais, qu'est-il besoin de vous entretenir mes Frères, des triomphes de la Grèce? Est-il pour nous de circonstance plus touchante que celle qui nous intéresse aujourd'hui ? Jamais la reconnaissance nationale fût-elle mieux sentie que celle qui s'exprime dans le centre de la Maçonnerie française ?

Braves militaires qui, sous l'empire des lois, êtes destinés à nous protéger, que serait la France, sans votre honorable profession ? Une foule d'ennemis implacables, fondant sur nos départemens, embrâseraient nos villes, ravageraient nos campagnes.

Ces citadelles, si renommées par de longs sièges ; ces champs de batailles, rendus par vous si célèbres, sont devenus des monumens éternels de votre gloire ; ils attestent que vous serez toujours l'appui fidèle de l'état ; que vous assurerez sa prospérité.

Que l'on vienne à suspecter la foi d'un voisin dangereux, ou d'un perfide allié, placés sur les frontières pour observer leurs mouvemens, vous dissiperez leurs ligues et leurs complots.

Qu'une nation rivale veuille pénétrer, à main armée, dans le sein de la France, qui fera échouer leurs projets ? Peuple Français, rassurez-vous ; vos vengeurs sont là, renfermez-vous dans vos remparts, montez sur vos murailles, et du haut des tours,

voyez ces nouveaux Hectors, plus heureux
que celui d'Homère, déployer un courage
à l'épreuve des dangers, terrasser l'ennemi,
et rendre à la France sa première tran-
quillité.

Vertueuses mères, tendres enfans, géné-
ration naissante, qui êtes la plus chère es-
pérance de la patrie, écoutez la voix de nos
généraux; écoutez celle du Premier Consul,
de ce libérateur qui a compté ses victoires
par le nombre considérable des combats
qu'il a livrés ou soutenus. Il crie à tous les
Français de l'intérieur : vivez unis, vivez
heureux; je l'ai juré sur l'autel de la patrie,
si le gouvernement anglais persiste à vouloir
la guerre, s'il se présente de nouveaux combats, de nouveaux triomphes nous attendent.

Que n'est-il en mon pouvoir de peindre
ce héros immortel ! Je le montrerais d'abord
déployant un génie, composé de toutes
sortes de génies ; tantôt ce talent, si nécessaire, de former entre le soldat et lui, ce
lien d'union qui présage les succès, tantôt
cette vaste intelligence qui s'ouvre des rou-
tes nouvelles où les autres n'en soupçonnent
plus, embrasse tous les objets, avant de les
avoir parcourus, perce dans l'avenir, et fait
naître les évènemens les plus conformes à

ses plans , et les plus contraires à ceux de l'ennemi ; je le présenterais avec cette pénétration étonnante , qui entrevoit les desseins qu'on veut lui cacher, dans les efforts même qu'on fait pour lui en dérober la vue ; qui découvre dans les obstacles les moyens de vaincre ; dans les accidens, celui de les réparer. Je vous le dépeindrais, marchant à l'ennemi avec cette prudence qui ne donne à connaître ses desseins, qu'au moment qu'ils éclatent. Avec quelle admiration ne le verriez-vous pas dans la mêlée, portant d'une main le glaive, et de l'autre, les destinées de la République ! Calme dans le flux et le reflux des chocs, des triomphes et des vicissitudes; roulant ces grandes pensées qui préparent la victoire, dirigeant le bras des soldats, agissant sur plus de cent mille hommes, et transmettant à ce vaste corps d'armée, l'ardeur guerrière qui l'embrâse.

 Et serait-il possible d'oublier tout ce que nous devons à chacun de ses coopérateurs ; pourrions-nous n'avoir pas présent à la pensée, tout ce qu'ils ont souffert ! Personne n'ignore que, loin de leurs familles et de leurs foyers, ils ont pendant long-tems mené une vie errante, et n'ont eu d'autres alimens que ceux accordés

dés par les droits de la guerre. Lorsque nous désirions la paix ; pour l'obtenir, pour répondre à nos vœux, ils marchaient dans des flots de sang, à travers des contrées en cendres et des plaines fumantes de carnage, ou gravissaient miraculeusement le Mont Saint-Gothard ; constamment en activité, les jours n'étaient pour eux qu'une suite non interrompue de dangers et d'alarmes, les nuits, qu'un enchaînement de veilles laborieuses ; si quelquefois leurs paupières appésanties se fermaient, tout-à-coup ils étaient réveillés par le bruit des combattans qui s'avançaient, par le fracas des remparts qui s'écroulaient, par la foudre des combats qui tonnait sur leurs têtes, par l'éruption de ces volcans terribles qui s'ouvraient sous leurs pas.... Ils n'avaient pour lit que la terre. Ils franchissaient la rapidité des fleuves ; ils erraient enfoncés dans la fange des marais ; ils creusaient des tranchées qui pouvaient à chaque instant devenir leur tombeau ; ils poursuivaient la victoire à travers mille genres de mort.....

Ici, mes FF∴, les termes me manquent pour achever ce tableau, pour exprimer sur-tout la reconnaissance due à tant de sacrifices, et je suis forcé de terminer.

C

Noms sacrés de libérateurs, de vengeurs
de la patrie , de genies tutélaires, de héros,
fils des Dieux , vous êtes trop faibles , trop
au-dessous de mon sujet.

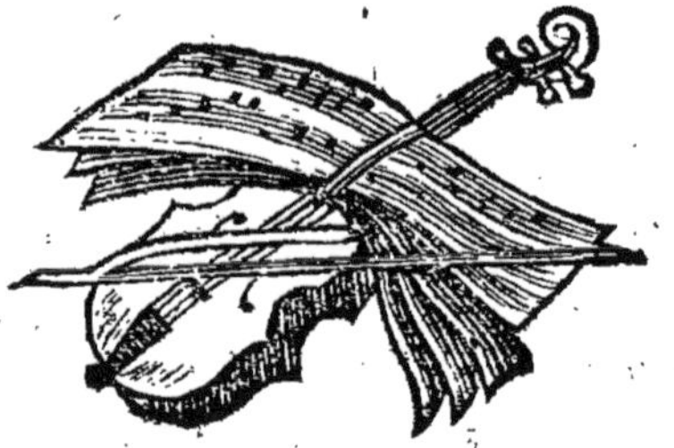

EXTRAIT

DU PROGRAMME DU CONCERT.

ORDRE GÉNÉRAL.

Simphonie d'HAYDN, *en Ré*;

Musique de RIGEL père,

Exécutée par les FF.·. La Forêt, artiste du théâtre des Arts, et Fay, artiste du théâtre Faydeau.

RÉCITATIF.

Jeux innocens, rassemblez-vous,
Reprenez pour jamais vos charmes les plus doux !
Règnez dans une paix profonde,
Rappellez l'heureux tems de l'enfance du monde.
Jeux innocens, rassemblez-vous !

AIR.

On a posé les armes :
Voici le tems heureux des plaisirs pleins de charmes ;
Voici le tems heureux des plaisirs les plus doux.
Jeux innocens, rassemblez-vous,
Le Vainqueur vous l'ordonne ;
Triomphez de Bellonne !

C 2

O douce paix !
Hâtez-vous de descendre,
Venez ici répandre
Vos bienfaisans attraits ;
Descendez pour jamais,
O douce paix !

D U O.

PLAISIRS, venez, sans crainte,
Venez vous rassembler !
Les soins et la contrainte
Ne doivent plus vous troubler ;
Il faut que tout fleurisse,
Que l'amitié nous rende heureux,
La paix et la justice
Vont régner avec les jeux.

Douce amitié, rend tout facile,
La paix, des ris guide les pas :
Venez, amis, venez dans cet asyle ;
C'est ici que l'on goûte un plaisir plein d'appas ;

U N E V O I X S E U L E.

DES jours que la Parque nous file,
Il faut ménager les instans ;
Vivons en paix, vivons contens,
Sachons jouir du jour qui nous éclaire ;
Fuyons les ombres de la nuit :
D'une aîle légère
Le tems s'enfuit.

Les deux chanteurs reprennent.

Douce amitié, rend tout facile,
La paix, des ris guide les pas :
Venez, amis, venez dans cet asyle ;
C'est ici que l'on goûte un plaisir plein d'appas.

———

Musique de LEBRETON père,
Tirée de *Vertume* et *Pomone*,

Chantée par le F.·. Bertin, artiste du théâtre des Arts.

« Dieu charmant qu'on adore à Cythère, etc.

Chœur et récit alternativement.

Dieu puissant, que le sage adore,
Quand la paix désarme ton bras,
Reçois l'encens d'un peuple qui t'implore !
Règne sur nous, guide nos pas.
Par tes bienfaits protège nos climats ;
Fais que l'aimable paix triomphe à son aurore.

———

CONCERTO DE COR,

Exécuté par le F.·. Dauprat, du Conservatoire, élève du F.·. Kenn, artiste du théâtre des Arts.

CANTATE.

MUSIQUE de BERTIN, professeur, élève
de LESUEUR,

Chantée par les FF∴ LA FORÊT et FAY.

CHOEUR.

Un jour nouveau, dans ces beaux lieux,
Vient ajouter à notre gloire :
Nous avons chanté la victoire,
Chantons la paix, chantons ce beau présent des Dieux !

UNE VOIX SEULE,

Semblable au Dieu du jour qui féconde la terre,
Par la douce chaleur de ses brillans rayons,
La bienfaisante paix, de sa main tutélaire,
Protège nos foyers, conserve nos moissons.
Rendons grace aux héros dont la vertu sévère
A sû nous garantir du fléau de la guerre.

Le Chœur reprend.

Un jour nouveau, dans ces beaux lieux,
Vient ajouter, etc.

Une voix seule.

O toi, Dieu des humains, qui régis l'Univers,
Reçois nos vœux et notre hommage !
Dispense tes bienfaits sur les peuples divers
Que la paix réunit : Adorons ton ouvrage !

Le Chœur termine.

Un jour nouveau, dans ces beaux lieux,
Vient ajouter à notre gloire :
Nous avons chanté la victoire,
Chantons la paix, chantons ce beau présent des Dieux !

IMITATION *de la Scène des Comédiens Ambulans.*

Musique de DEVIENNE,

« A mon aise, je puis répéter en ce bois,
» Sans craindre, etc. »

Chantée par le F∴ Bertin, artiste du théâtre des Arts.

RÉCITATIF.

Le plus beau jour m'amène parmi vous,
La paix termine nos allarmes !
Aimons la paix, unissons-nous :
Ah ! je veux chanter tous ses charmes.

CANTABILE.

Le calme d'une heureuse paix
A détruit notre incertitude :
Goûtons un plaisir plein d'attraits,
Et bannissons l'inquiétude.

(40)
ALLÉGRO.

Français, par vos vertus la trompette de Mars !
Cède le pas au Dieu des arts,
Sa lyre a charmé mon oreille :
Reposons-nous sur le héros qui veille ;
Il a fixé nos étendarts.
Et vous, ses compagnons, remparts de la victoire,
Reposez-vous à votre tour ;
Mars couronne vos fronts des lauriers de la gloire,
Venez, venez cueillir les myrthes de l'amour.

Musique de GLUCK.

*Imitation du Chœur d'*Écho *et* Narcisse.

« Le Dieu de Paphos et de Gnide
» Anime seul, etc. »

*Quatuor et Chœur chanté par les
mêmes Artistes.*

Livrons nos cœurs à l'allégresse,
Un héros nous donne la paix.
Par ses hauts-faits
Il acquitte sa promesse,
Et, terminant notre détresse,
Il remplit tous nos souhaits.   (*bis*).
Célébrons, chantons la gloire
De ce héros qu'admire l'Univers ;
Le dernier fruit de sa victoire
Sera la liberté des mers.
Pour nous, secondons son courage,
Il a réparé nos erreurs :
De la paix, pensons que le gage
Est la tendre amitié qui réunit les cœurs.   (*bis*).

Le F∴ G. B.......

CANTIQUE

Du F∴ RIZAUCOURT, Orateur de la R∴ L∴ des Élèves de la Nature.

Air : *Quand Louis me dit, ma Louise.*

Lorsque la paix ramène en France
Les ris, les plaisirs enchanteurs,
Charme pur, douce jouissance,
Volupté, règnez dans nos cœurs.
Quand par-tout, avec allégresse,
Paix, on te chante à l'unisson,
Avec quel transport, quelle ivresse
Doit te chanter le Franc-Maçon.   (*bis*).

* * *

Honneur à toi dont la vaillance
Sut nous procurer cette paix,
Accepte la reconnaissance
De tous les Francs-Maçons français ;
Bonaparte, ô puissant génie !
O héros, que nous chérissons !
Vis toujours pour notre patrie,
C'est là le vœu des Francs-Maçons.   (*bis*).

* * *

Si notre éclatante lumière
Ne brilla jamais à tes yeux,
Tu n'en es pas moins notre frère,
La lumière te vient des cieux.
Que dans la Franc-Maçonnerie,
Héros, tu te comptes ou non,
Avec tes vertus, ton génie,
Tu peux passer pour Franc-Maçon.   (*bis*).

* * *

Acceptes aussi notre hommage,
O guerrier justement vanté !
Moreau (*), la gloire de notre âge;
Ce tribut est bien mérité.
Si, par tes talens, ta prudence,
Tu nous retraças Xénophon ;
Nous l'aurions tous juré d'avance,
Te connaissant pour Franc-Maçon.   (*bis*).

* * *

Fille du ciel ! ô paix chérie !
Source du bonheur des mortels;
En ce jour, la Maçonnerie
Ici t'élève des autels.
Ah ! de la discorde cruelle
Eteins, à jamais, les brandons,
Divine paix ! sois éternelle ;
Voilà le cri des Francs-Maçons !   (*bis*).

* * *

(*) Membre de la R∴ L∴ de la Parfaite - Union, à
l'O∴ de Rennes.

Envain l'Angleterre obstinée
Veut seule opposer des refus :
Tems heureux ! beau siècle d'Astrée,
Vous allez nous être rendus.
Mais tu vas abjurer la guerre,
Car dans ton sein, fière Albion,
On sait qu'il est plus d'un bon frère,
Plus d'un excellent Franc-Maçon.   (*bis*).

** * **

On n'entend plus l'airain qui tonne,
Il est arrivé ce beau jour ;
Où Minerve chasse Bellonne,
Où Mars nous quitte, sans retour.
Maintenant, sous tes doux auspices,
Paix, nous chargerons nos canons,
Ces armes servent de délices
Quand on en use en Francs-Maçons.   (*bis*).

COUPLETS

Du F∴ LE PITRE,

Chantés par le Frère FAY, Artiste du
Théâtre Feydeau.

Air : Si Pauline est dans l'indigence.

Tout Maçon, lorsque de la guerre,
La France donna le signal ;
Se dit, volant à la frontière,
Faisons bien, ce qui n'est qu'un mal.
De ce mal, hélas ! nécessaire,
Le remède c'est le succès ;
Soyons vainqueurs, et qu'à la terre,
La victoire donne la Paix.

* * *

Par-tout la force de nos armes,
A terrassé nos ennemis.
Nos succès leur coûtaient des larmes :
Ah ! N'ayons plus que des amis.
Quelque soit l'éclat de la gloire,
Pour avoir encor plus d'attraits ,
Il faut qu'auprès de la victoire
Succèdent les chants de la Paix.

* * *

Au-dedans, Citoyens paisibles,
Au-dehors, courageux soldats,
Toujours humains, toujours sensibles,
Frères, ne nous démentons pas ;
Ayons dans la même patrie,
Un seul nom : celui de Français,
Et pour embellir notre vie,
Les vertus, les arts et la Paix.

* * *

Ah ! Pour couronner cette Fête,
Buvons à ce jeune guerrier,
Dont les lauriers ceignent la tête,
Dont la main porte l'olivier.
Le titre de Maçon, peut-être,
Ne l'unit pas avec nous . . . . . Mais,
Qui mériterait mieux de l'être,
Qu'un vainqueur ami de la Paix.

CANTIQUE

D'un Membre de la R∴ L∴ de la Réunion des Étrangers.

Air : Femmes voulez-vous éprouver.

Le Continent est libre enfin . . . .
Le Français repose ses armes,
De longs malheurs il voit la fin,
La douce Paix sèche ses larmes ;
Et de Mars le glaive inhumain,
Cédant au pouvoir d'un génie,
Ne percera donc plus le sein
De ma généreuse Patrie.　　(*dis.*)

* * *

Chantons, chantons cet heureux jour,
où Minerve expulse Bellonne,
Où Mars, en quittant ce séjour,
A la Paix cède sa couronne ;
Chantons les charmes du repos,
Que l'olivier, de son ombrage,
Protége à jamais le héros
Dont notre bonheur est l'ouvrage.　　(*bis.*)

* * *

C'est toi, délicieuse Paix,
Qui va ramener l'abondance,

De tes innombrables bienfaits
Naîtra le bonheur de la France :
Mais l'art de goûter ces faveurs,
L'amitié seule peut l'apprendre,
C'est sa voix qui parle à nos cœurs ;
Nous sommes tous faits pour l'entendre. (qis.)

* * *

améner la Paix dans un cœur
Est l'œuvre d'un ami sensible,
La Paix, pour des sens pleins d'ardeur,
Par l'amour heureux est possible ;
Un Frère, après quelques débats,
Peut rendre la Paix à son Frère ;
Mais la Paix entre les états . . . . !
Il n'est qu'un héros pour la faire. (bis.)

---

*EXTRAIT de la Pl∴ tracée en la Chambre
d'Administration, le 2.e jour du 3.e mois de
l'an de la V∴ L∴ 5801, ère vulg∴ 12 Floréal,
an 9.*

ARRÊTÉ qu'il sera, à la diligence du Secrétaire-
Général, envoyé à toutes les LL∴ et à tous les
Chap∴ réguliers, sous les timbre et sceaux du G∴
O∴, un exemplaire des Travaux du G∴ O∴ de

la Célébration de la Fête de la Paix , du 10.e jour du 2.e mois de l'an de la V∴ L∴ 5801 , Ère vulgaire , 20 Germinal , an 9.

Collationné sur la minute et vérifié par nous Orateurs du G∴. O∴,

Signés DOISY ,
Orateur de la Chambre d'Ad-ministration.

PAJOT jeune ,
Orateur de la Chambre Sym-bolique.

DE FONDE-VIOLLE ,
Orat∴ d'of∴ de la Cha∴ des Grades.

Vu et approuvé par nous Grand-Vénérable ,

Signé ROETTIERS-DE-MONTALEAU.

Timbré et scellé par nous Garde des timbre et sceaux du G∴ O∴ de France ,

Par Mandemement du G∴O∴ de France ,

Secrétaire-Général.

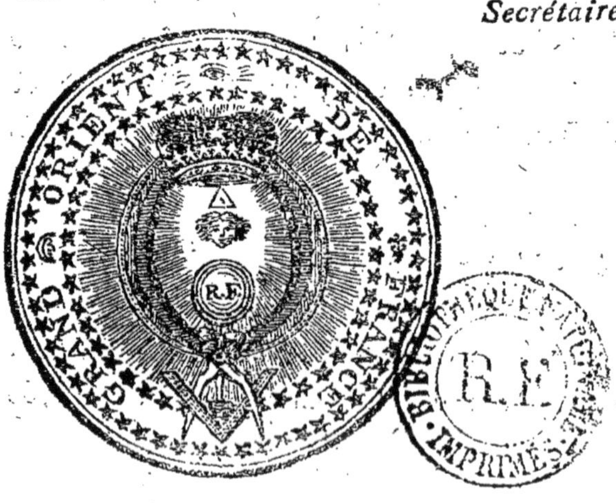